铁路客货运输

（2024　5）

运输部
中国国家铁路集团有限公司　客运部　编
货运部

中国铁道出版社有限公司

2024年·北京

图书在版编目(CIP)数据

铁路客货运输. 5 / 中国国家铁路集团有限公司运输部，中国国家铁路集团有限公司客运部，中国国家铁路集团有限公司货运部编. -- 北京 ：中国铁道出版社有限公司，2024. 12. -- ISBN 978-7-113-31881-9

Ⅰ. U293；U294

中国国家版本馆 CIP 数据核字第 20241L0Y51 号

书　　名：铁路客货运输
　　　　　Tielu Kehuo Yunshu
作　　者：中国国家铁路集团有限公司运输部、客运部、货运部

责任编辑：于　秀　　　　编辑部电话：(010)51873044
封面设计：郑春鹏
封面摄影：王喜栋
责任校对：安海燕
责任印制：高春晓

出版发行：中国铁道出版社有限公司
　　　　　(100054，北京市西城区右安门西街 8 号)
网　　址：https://www.tdpress.com
印　　刷：北京盛通印刷股份有限公司
版　　次：2024 年 12 月第 1 版　2024 年 12 月第 1 次印刷
开　　本：787 mm×1 092 mm 1/32　印张：3.375　字数：75 千
书　　号：ISBN 978-7-113-31881-9
定　　价：12.00 元

铁路客货运输

目　　录

运营管理

客运管理

货运管理

客货运价里程表　铁路专用线专用铁路名称表

剪贴页

《铁路客运运价里程表》77 页　宣绩高铁
《铁路客运运价里程表》96—1 页　潍荣高铁
《铁路客运运价里程表》96—2 页　潍烟高铁、西蓁联络线
《铁路客运运价里程表》190—3 页　中川铁路、陈福联络线
《铁路客运运价里程表》210—1 页　瓦日线蔡安段
《铁路客运运价里程表》234—3 页　包银高铁惠银段
《铁路客运运价里程表》268—3 页　渝昆高铁渝宜段
《货物运价里程表》438—1 页　衡柳铁路
《货物运价里程表》438—2 页　衡柳联络线、鹧柳环线

运营管理

中国国家铁路集团有限公司

铁运电〔2024〕72号

国铁集团关于杭温高铁等线开通运营的通知

各铁路局集团公司：

《中国铁路上海局集团有限公司杭温高铁开通运营的请示》(上铁运〔2024〕220号)收悉。杭温高铁、永嘉联络线已通过初步验收和运营安全评估,已具备开通运营条件。经研究,同意杭温高铁、永嘉联络线自2024年9月6日起开通运营。

二〇二四年九月五日

中国国家铁路集团有限公司

铁运电〔2024〕73 号

国铁集团关于中川铁路兰州西至福利区段、陈福联络线开通运营的通知

各铁路局集团公司,集装箱、特货、快运公司:

《中国铁路兰州局集团有限公司关于新建中川铁路兰州西至福利区段、陈福联络线开通运营的请示》(兰铁运〔2024〕159 号)收悉。中川铁路兰州西至福利区段、陈福联络线已通过初步验收和运营安全评估,已具备开通运营条件。经研究,同意中川铁路兰州西至福利区段、陈福联络线自 2024 年 9 月 6 日起开通运营。

二〇二四年九月五日

中国国家铁路集团有限公司

铁运电〔2024〕77号

国铁集团关于龙龙高铁梅龙段等线开通运营的通知

各铁路局集团公司，快运公司：

《中国铁路广州局集团有限公司关于新建梅州至龙川铁路工程开通运营的请示》（广铁运〔2024〕51号）收悉。龙龙高铁梅龙段、老辛联络线已通过初步验收和运营安全评估，已具备开通运营条件。经研究，同意龙龙高铁梅龙段、老辛联络线自2024年9月14日起开通运营。

二〇二四年九月十一日

中国国家铁路集团有限公司

铁运电〔2024〕87号

国铁集团关于渝昆高铁渝宜段开通运营的通知

各铁路局集团公司，快运公司：

《成都局集团公司关于渝昆高铁渝宜段开通运营的请示》（成铁运〔2024〕249号）收悉。渝昆高铁重庆西至宜宾东段已通过初步验收和运营安全评估，已具备开通运营条件。经研究，同意渝昆高铁重庆西至宜宾东段自2024年9月29日起开通运营。

二〇二四年九月二十七日

中国国家铁路集团有限公司

铁运电〔2024〕91号

国铁集团关于包银高铁惠银段开通运营的通知

各铁路局集团公司，快运公司：

《中国铁路兰州局集团有限公司关于包银高铁惠农南至银川段线路开通运营的请示》（兰铁运〔2024〕177号）收悉。包银高铁惠农南至银川段已通过初步验收和运营安全评估，已具备开通运营条件。经研究，同意包银高铁惠农南至银川段自2024年10月1日起开通运营。

二〇二四年九月二十九日

中国国家铁路集团有限公司

铁运电〔2024〕94 号

国铁集团关于宣绩高铁开通运营的通知

各铁路局集团公司，快运公司：

《中国铁路上海局集团有限公司关于宣绩高铁开通运营的请示》（上铁运〔2024〕243 号）收悉。宣绩高铁已通过初步验收和运营安全评估，已具备开通运营条件。经研究，同意宣绩高铁自 2024 年 10 月 11 日起开通运营。

二〇二四年十月九日

中国国家铁路集团有限公司

铁运电〔2024〕98 号

国铁集团关于潍烟高铁等线开通运营的通知

各铁路局集团公司，快运公司：

《中国铁路济南局集团有限公司关于申请新建潍烟高速铁路开通运营的请示》（济铁运〔2024〕152 号）收悉。潍烟高铁、西蓁联络线已通过初步验收和运营安全评估，已具备开通运营条件。经研究，同意潍烟高铁、西蓁联络线自 2024 年 10 月 21 日起开通运营。

二〇二四年十月十八日

中国国家铁路集团有限公司

铁运函〔2024〕316号

国铁集团关于公布
新建沪渝蓉高铁武宜段等有关名称的通知

各铁路局集团公司，集装箱、特货、快运公司：

《中国铁路武汉局集团有限公司关于沪渝蓉高速铁路武汉至宜昌段等命名更名情况的请示》（武铁运〔2024〕119号）、《中国铁路广州局集团有限公司关于新建广州至清远城际轨道交通广州白云至广州北、清远至省职教城段有关命名情况的请示》（广铁运〔2024〕37号）、《中国铁路郑州局集团有限公司关于新建郑开城际延长线有关命名的请示》（郑铁运〔2024〕159号）、《中国铁路沈阳局集团有限公司关于新建吉林至珲春铁路吉林枢纽西环线相关工程和沈阳至佳木斯高速铁路沈阳至白河段相关线名、站名命名的请示》（沈铁运〔2024〕159号）收悉。现就有关线路、车站、大江大河桥名称公布如下：

一、既有线车站更名

长荆线天门站更名为天门北站，实施时间为2024年11月20日。

二、新建沪渝蓉高速铁路武汉至宜昌段

线路名称：沪渝蓉高速铁路，简称沪渝蓉高铁。辛安渡所*至金巴岭所*间线路简称沪渝蓉高铁武宜段。

沿线车站（线路所*）名称：辛安渡所*、新沟北所*、汉川北、天门、京山南、钟祥南、荆门西、当阳西、宜昌北、闵家冲所*、金巴岭所*。

沪蓉线高桥所*至武西高速线走马岭所*间联络线名称：高桥联络线。沿线线路所*名称：高桥所*、走马岭所*。

武西高速线革新所*至沪渝蓉高铁新沟北所*间联络线名称：新沟北联络线。沿线线路所*名称：革新所*、新沟北所*。

武西高速线革新所*至沪渝蓉高铁辛安渡所*间联络线名称：辛安渡联络线。沿线线路所*名称：革新所*、辛安渡所*。

跨大江大河桥名称：钟祥汉江铁路大桥。

三、新建宜昌至郑万高铁联络线

线路名称：宜兴高速铁路，简称宜兴高铁。

沿线车站（线路所*）名称：宜昌北、杨家塝所*、下堡坪、兴山（既有）。

沪蓉线宜昌东站至沪渝蓉高铁金巴岭所*间联络线名称：金巴岭联络线。

宜兴高铁杨家塝所*至沪渝蓉高铁闵家冲所*间联络线名称：杨闵联络线。

四、新建广州至清远城际轨道交通广州白云至广州北段

线路名称：广清城际铁路，简称广清城际。

沿线车站名称：广州白云（既有）、白云湖、江高、神山。

五、新建广州至清远城际轨道交通清远至省职教城段

线路名称：广清城际铁路，简称广清城际。

沿线车站名称：燕湖、洲心、飞霞。

六、新建郑开城际延长线

线路名称：纳入郑开城际铁路。

郑开城际线路终点车站由宋城路站调整至开封站。

七、新建吉林至珲春铁路吉林枢纽西环线相关工程

线路名称:既有沈吉线马相屯至吉林段更名为马吉铁路,新建吉林枢纽西环线马相屯经南三道至吉林段纳入沈吉线,实施时间均为2024年9月26日。

沿线车站名称:马相屯(既有)、欢喜、大绥河、南三道、哈达湾(既有)、吉林(既有)。

南三道站至新九站站间联络线名称:南新联络线,实施时间为2024年9月26日。

以上名称自公布之日起施行(按指定时间施行的除外)。

二〇二四年九月十三日

客运管理

中国国家铁路集团有限公司

铁客电〔2024〕71号

国铁集团关于公布中川铁路兰州西至福利区段等线路客运运营条件及运价有关事项的通知

各铁路局集团公司，快运公司：

《中国铁路兰州局集团有限公司关于中川线兰州西至福利区段等线路客运运营条件的请示》（兰铁客〔2024〕161号）收悉。现将有关客运运营条件及运价事项通知如下：

一、客运运营条件

（一）新建中川铁路兰州西至福利区段与既有福利区至中川机场段合并为中川铁路，有关站名、里程、客运营业办理限制等见附件1；新建陈福联络线有关站名、里程、客运营业办理限制见附件2。

（二）兰新线陈官营站里程修改为距兰州站19公里，接续线名修改为接陈福联络线；兰新线福利区站里程修改为距兰州站22公里，接续线名增加陈福联络线；兰新线资产附注修改为陈官营站属中川铁路有限公司。

（三）西固城线陈官营站修改为非接算站。

二、动车组列车票价

（一）依照《中华人民共和国铁路法》以及中央和地方定价目录等法律法规规定，中川铁路兰州西至福利区段、陈福联络线开行的动车组列车票价实行由铁路运输企业依法自主制定。有关公布票价由兰州局集团公司按规定协调线路资产所属公司履行公司决策程序制定,向社会公布后执行,抄送国铁集团客运部。

(二)上述线路开行的动车组列车实际执行票价可在公布票价的基础上打折,即可根据不同季节、不同日期、不同时段等的市场需求,执行票价实行不同折扣。

(三)上述线路开行的动车组列车在本线段的各类票价尾数均保留至元,不足元的按四舍五入处理。

(四)儿童、学生、残疾军人、伤残警察等优惠优待票价计算以及其他未尽事宜,均按照国铁集团有关规定执行。

(五)本通知自上述线路开办客运业务之日起执行。

附件:1. 中川铁路客运运价里程表
　　　2. 陈福联络线客运运价里程表

二〇二四年九月五日

附件 1

中川铁路客运运价里程表

兰州西—中川机场

企业简称	行政区划	站　　名	本线里程		接续线名
			兰州西	中川机场	
兰	甘	⊗兰 州 西	—	60	接兰新客专线、兰新线、徐兰高速线
		※陈 官 营	9	51	
		⊗福 利 区	12	48	接兰新线、陈福联络线
		⊗西　　固	14	46	
		△树　　屏	45	15	接银兰高铁
		⊗兰州新区	57	3	接中川机场环线、兰州新区联络线
		⊗中川机场	60	—	接兰张高铁、周中联络线

注：兰州西（不含）至陈官营（高速场）、陈官营（高速场）至福利区（不含）属中兰铁路客运专线有限公司，福利区至中川机场属中川铁路有限公司。

附件 2

陈福联络线客运运价里程表

陈官营—福利区

企业简称	行政区划	站　　名	本线里程		接续线名
			陈官营	福利区	
兰	甘	※陈 官 营	—	3	接兰新线
		⊗福 利 区	3	—	接兰新线、中川铁路

注：陈官营（不含）至福利区（不含）属中兰铁路客运专线有限公司。

中国国家铁路集团有限公司

铁客电〔2024〕84号

国铁集团关于公布宣绩高铁客运运营条件及运价有关事项的通知

各铁路局集团公司，快运公司：

《中国铁路上海局集团有限公司关于宣绩高铁客运运营条件和宁国站停办客运业务的请示》(上铁客〔2024〕227号)收悉。现将有关客运运营条件及运价事项通知如下：

一、客运运营条件

（一）新建宣绩高铁有关站名、里程、客运营业办理限制等见附件。

（二）合杭高铁、皖赣、宣杭线中，宣城站接续线名增加宣绩高铁；杭昌高铁、合福高速线中，绩溪北站接续线名增加宣绩高铁。

（三）皖赣线增加宁国南站，距芜湖站113公里，办理客运业务，不办理行包业务，站名前缀为⊗；宁国站停办客运业务，在客运运价里程表中全项取消。

二、动车组列车票价

（一）依照《中华人民共和国铁路法》以及中央和地方定价目录等法律法规规定，宣绩高铁开行的动车组列车票价实行由铁路运输企业依法自主制定。有关公布票价由上海局集团公司按规定协调线路资产所属公司履行决策程序制定，向社会公布后执行，抄送国铁集团客运部。

(二)宣绩高铁开行的动车组列车实际执行票价可在公布票价的基础上打折,即可根据不同季节、不同日期、不同时段等的市场需求,执行票价实行不同折扣。

(三)宣绩高铁开行的动车组列车在本线段的各类票价尾数均保留至元,不足元的按四舍五入处理。

(四)儿童、学生、残疾军人、伤残警察等优惠优待票价计算以及其他未尽事宜,均按照国铁集团有关规定执行。

本通知自宣绩高铁开办客运业务之日起执行。

附件:宣绩高铁客运运价里程表

二〇二四年九月二十一日

附件

宣绩高铁客运运价里程表

宣城—绩溪北

企业简称	行政区划	站名	本线里程		接续线名
			宣城	绩溪北	
上	皖	宣城	—	115	接合杭高铁,皖赣、宣杭线
		⊗宁国南	44	71	
		△十里岩所	106	9	
		⊗绩溪北	115	—	接杭昌高铁、合福高速线

注:宣城至绩溪北(不含宣城、宁国南、绩溪北站)属合武铁路有限公司。

中国国家铁路集团有限公司

铁客电〔2024〕88号

国铁集团关于公布渝昆高铁重庆西至宜宾东段客运运营条件及运价有关事项的通知

各铁路局集团公司，快运公司：

《成都局集团公司关于新建渝昆高铁重庆西至宜宾东段客运运营条件及票价有关事项的请示》（成铁客〔2024〕252号）收悉。现将有关客运运营条件及运价事项通知如下：

一、客运运营条件

（一）新建渝昆高铁重庆西至宜宾东段与既有宜宾东至宜宾段合并，有关站名、里程、客运营业办理限制等见附件。

（二）渝贵线、成渝高速渝贵联络线、井西线、小西线中，重庆西站接续线名增加渝昆高铁；井西线中，芭蕉沟所接续线名增加渝昆高铁。

（三）绵泸高铁内自泸段泸州站，修改为接算站，接续线名为“接渝昆高铁”。

（四）渝贵线、成渝高速渝贵联络线、井西线、小西线线后附注中，涉及重庆西站的均修改为“重庆西渝贵场属渝黔铁路有限责任公司，渝昆场属京昆高速铁路西昆有限公司”。

（五）井西线金音沟所全项取消；井西线线后附注修订为“井口（不含）至歌乐山（不含）属渝黔铁路有限责任公司；歌乐山至重庆西（不含歌乐山、重庆西渝贵场）属成渝铁路客运专线有限责任公司，其中重庆西渝贵场属渝黔铁路有限责任公司，井西线芭蕉沟所往重庆西方向 2.376 公里至 4.753 公里属京昆高速铁路西昆有限公司”。

二、动车组列车票价

（一）依照《中华人民共和国铁路法》及中央和地方定价目录等法律法规规定，渝昆高铁重庆西至宜宾东段开行的动车组列车票价实行由铁路运输企业依法自主制定。有关公布票价由成都局集团公司按规定协调线路资产所属公司履行决策程序制定，向社会公布后执行，抄送国铁集团客运部。

（二）渝昆高铁重庆西至宜宾东段开行的动车组列车实际执行票价可在公布票价的基础上打折，即可根据不同季节、不同日期、不同时段等的市场需求，执行票价实行不同折扣。

（三）渝昆高铁重庆西至宜宾东段开行的动车组列车在本线段的各类票价尾数均保留至元，不足元的按四舍五入处理。

（四）儿童、学生、残疾军人、伤残警察等优惠优待票价计算以及其他未尽事宜，均按照国铁集团有关规定执行。

本通知自渝昆高铁重庆西至宜宾东段开办客运业务之日起执行。

附件：渝昆高铁重庆西至宜宾东段客运运价里程表

二〇二四年九月二十八日

附件

渝昆高铁重庆西至宜宾东段客运运价里程表

重庆西—宜宾

企业简称	行政区划	站　　名	本线里程		接续线名
			重庆西	宜宾	
成	渝	重庆西	—	207	接渝贵、成渝高速渝贵联络、井西、小西线
		△芭蕉沟所	11	196	接井西、井西联络线
		△九龙坡	16	191	
		⊗江津北	27	180	
		⊗永川南	57	150	
	川	⊗泸州东	97	110	
		⊗泸　州	123	84	接绵泸高铁
		⊗南　溪	169	39	
		⊗宜宾东	192	15	接成宜高铁
		⊗宜　宾	207	—	接宜宾西、宜皂联络线

注：重庆西（渝昆场）至泸州（渝昆场）、泸州（渝昆场）至南溪往宜宾东方向23.075公里属京昆高速铁路西昆有限公司；南溪往宜宾东方向23.075公里至宜宾属川南城际铁路有限责任公司。

中国国家铁路集团有限公司

铁客电〔2024〕89 号

国铁集团关于公布瓦日线白文至安泽段开办客运业务有关事项的通知

各铁路局集团公司,快运公司:

《中国铁路太原局集团有限公司关于瓦日线白文至安泽开办客运业务的请示》(太铁客〔2024〕185 号)收悉。瓦日线白文至安泽段已通过太原局集团公司组织的运营安全评估,具备开办客运营业条件。经研究,同意瓦日线白文至安泽段自 2024 年 9 月 29 日起开办客运业务。现将有关客运运营条件及运价事项通知如下:

一、瓦日线白文至安泽段与既有蔡家崖至白文段合并,有关站名、里程、客运营业办理限制等见附件。

二、瓦日线白文至安泽段开行的普通旅客列车执行国铁统一运价,里程通算。

附件:瓦日线蔡家崖至安泽段客运运价里程表

二〇二四年九月二十八日

附件

瓦日线蔡家崖至安泽段客运运价里程表

蔡家崖—安泽

企业简称	行政区划	站　　名	本线里程		接续线名
			蔡家崖	安泽	
太	晋	⊗蔡　家　崖	—	424	
		△<u>白　　文</u>	44	380	接太兴线
		⊗<u>临　　县</u>	71	353	接吕临线
		⊗石　楼　县	189	235	
		⊗隰　　县	227	197	
		⊗蒲　　县	267	157	
		△辛　　堡	324	100	
		⊗洪　洞　北	329	95	
		⊗浮　　山	371	53	
		⊗安　　泽	424	—	

注：蔡家崖至安泽（不含辛堡）属晋豫鲁铁路通道股份有限公司。

中国国家铁路集团有限公司

铁客电〔2024〕90 号

国铁集团关于公布包银高铁惠银段客运运营条件及运价有关事项的通知

各铁路局集团公司，快运公司：

《中国铁路兰州局集团有限公司关于包银高铁惠银段等线路客运运营条件的请示》（兰铁客〔2024〕178 号）收悉。现将有关客运运营条件及运价事项通知如下：

一、客运运营条件

（一）新建包银高铁惠银段有关站名、里程、客运营业办理限制等见附件。

（二）银兰高铁银川站接续线名修改为“接包银高铁”，包兰线银川站修改为非接算站。

二、动车组列车票价

（一）依照《中华人民共和国铁路法》以及中央和地方定价目录等法律法规规定，包银高铁惠银段开行的动车组列车票价实行由铁路运输企业依法自主制定。有关公布票价由兰州局集团公司按规定协调线路资产所属公司履行决策程序制定，向社会公布后执行，抄送国铁集团客运部。

（二）包银高铁惠银段开行的动车组列车实际执行票价可在公布票价的基础上打折，即可根据不同季节、不同日期、不同时段等的市场需求，执行票价实行不同折扣。

（三）包银高铁惠银段开行的动车组列车在本线段的各

类票价尾数均保留至元，不足元的按四舍五入处理。

（四）儿童、学生、残疾军人、伤残警察等优惠优待票价计算以及其他未尽事宜，均按照国铁集团有关规定执行。

（五）本通知自包银高铁惠银段开办客运业务之日起执行。

附件：包银高铁惠银段客运运价里程表

二〇二四年九月二十九日

附件

包银高铁惠银段客运运价里程表

惠农南—银川

企业简称	行政区划	站　名	本线里程		接续线名
			惠农南	银川	
兰	宁	⊗惠 农 南	—	97	
		⊗石 嘴 山	41	56	
		⊗沙　　湖	62	35	
		银　　川	97	—	接银兰高铁

注：惠农南至银川（不含）属宁夏城际铁路有限责任公司。

中国国家铁路集团有限公司

铁客电〔2024〕97号

国铁集团关于公布潍烟高铁等线路客运运营条件及运价有关事项的通知

各铁路局集团公司，快运公司：

《中国铁路济南局集团有限公司关于申请公布潍烟高铁客运运营条件的请示》（济铁客〔2024〕151号）收悉。现将有关客运运营条件及运价事项通知如下：

一、客运运营条件

（一）新建潍烟高铁、西蓁联络线有关站名、里程、客运营业办理限制等见附件1、附件2。

（二）青烟直通线增加蓁山所，距西陌堂所10公里、距烟台站9公里，不办理客运业务，站名前缀为△，接续线名为接西蓁联络线。

（三）龙烟线增加烟台西站，距离龙口市站63公里，办理客运业务，不办理行包业务，站名前缀为⊗，接续线名为接潍烟高铁。

（四）潍荣高铁昌邑站、龙烟线龙口市和蓬莱站均修改为接算站，接续线名均为接潍烟高铁；青烟直通线和烟荣联络线中芝罘站接续线名增加潍烟高铁。

二、动车组列车票价

（一）依照《中华人民共和国铁路法》以及中央和地方定价目录等法律法规规定，潍烟高铁、西蓁联络线开行的动车组列车票价实行由铁路运输企业依法自主制定。有关公布票价由济南局集团公司按规定协调线路资产所属公司履行决策程序制定，向社会公布后执行，抄送国铁集团客运部。

（二）上述线路开行的动车组列车实际执行票价可在公布票价的基础上打折，即可根据不同季节、不同日期、不同时段等的市场需求，执行票价实行不同折扣。

（三）上述线路开行的动车组列车在本线段的各类票价尾数均保留至元，不足元的按四舍五入处理。

（四）儿童、学生、残疾军人、伤残警察等优惠优待票价计算以及其他未尽事宜，均按照国铁集团有关规定执行。

本通知自上述线路开办客运业务之日起执行。

附件：1. 潍烟高铁客运运价里程表

2. 西蓁联络线客运运价里程表

二〇二四年十月十八日

附件 1

潍烟高铁客运运价里程表

昌邑—芝罘

企业简称	行政区划	站　　名	本线里程		接续线名
			昌邑	芝罘	
济	鲁	⊗昌　　邑	—	237	接潍荣高铁
		⊗灰　　埠	30	207	
		⊗莱　　州	59	178	
		⊗招　　远	109	128	
		⊗龙 口 市	139	98	接龙烟线
		⊗蓬　　莱	171	66	接龙烟线
		⊗烟 台 西	198	39	接龙烟线
		⊗福　　山	223	14	
		△西 牟 所	233	4	接西蓁联络线
		⊗芝　　罘	237	—	接青烟直通线

注：昌邑至芝罘（不含昌邑、龙口市、蓬莱、烟台西、芝罘）属山东潍烟高速铁路有限公司。

附件 2

西蓁联络线客运运价里程表

西牟所—蓁山所

企业简称	行政区划	站　　名	本线里程		接续线名
			西牟所	蓁山所	
济	鲁	△西 牟 所	—	2	接潍烟高铁
		△蓁 山 所	2	—	接青烟直通线

注：西牟所至蓁山所属山东潍烟高速铁路有限公司。

货运管理

中国国家铁路集团有限公司

铁货电〔2024〕74 号

国铁集团关于公布鹧柳环线货运运营条件及运价有关事项的通知

各铁路局集团公司，特货公司：

根据《国铁集团关于公布柳州枢纽扩能改造工程等有关名称的通知》（铁运函〔2023〕316 号）、《中国铁路南宁局集团有限公司关于湘桂铁路柳州枢纽扩能改造工程开通使用的通知》（宁铁科信电〔2024〕323 号）和《中国铁路南宁局集团有限公司关于申请公布鹧柳环线货运运营条件等有关事项的函》（宁铁货电〔2024〕365 号），经研究，同意公布鹧柳环线货运运营条件以及柳州枢纽改造工程相关线路货运运营条件修改。现将有关事项通知如下：

一、货运运营条件修改情况

（一）青鹧联络线与衡柳铁路青茅（含）至柳州西（含）段合并为鹧柳环线，鹧柳环线公布的线路货运运营条件的车站里程表、营业办理限制详见附件。

（二）青鹧联络线全项取消。

（三）衡柳铁路取消青茅站，附注 1 修改为“永州至鹿寨北间里程仅限本线和桂林南线各站发到货物使用”。

二、货运运价

鹧柳环线资产属性为国家铁路，货物运价执行国铁统一运价，里程通算。

本通知自2024年9月11日起执行。

附件:鹧柳环线货物运价里程表

二〇二四年九月九日

附件

鹧柳环线货物运价里程表

鹧鸪江—柳州西(国铁)

局名	站　名	本线里程		电报略码	省别	最大起重能力	货场整车普通货物营业办理范围
		鹧鸪江	柳州西				
宁	★**鹧 鸪 江**	—	18		桂		均不办理
	青　茅	10	8		桂		非货运站
	柳 州 西	18	—		桂		非货运站

客货运价里程表
铁路专用线专用铁路
名称表

国铁集团客运部

客价电〔2024〕29 号

国铁集团客运部
关于修改《铁路客运运价里程表》
有关事项的通知(2024002 号)

各铁路局集团公司,快运公司:

接济南、乌鲁木齐局集团公司请示,经研究,自 2024 年 4 月 10 日起,修改《铁路客运运价里程表》相关内容,具体如下:

一、南疆线新增铁门关站,距吐鲁番站 380 公里,办理客运业务,不办理行包业务,站名前缀为⊗。

二、济南局集团公司阳信站修改为旅客乘降所,站名前缀修改为※。

二〇二四年三月二十七日

国铁集团客运部

客价电〔2024〕39号

国铁集团客运部
关于修改《铁路客运运价里程表》
有关事项的通知(2024003号)

各铁路局集团公司，快运公司：

接济南、上海、广州局集团公司请示，经研究，修改《铁路客运运价里程表》相关内容，具体如下：

一、自2024年5月1日起，广州局集团公司广州白云站开办行包业务，删除站名前缀⊗。

二、自2024年5月15日起，济南局集团公司陵城、临邑站修改为旅客乘降所，站名前缀修改为※。

三、自2024年5月22日起，潍阜线新增利辛西站，距青龙山站105公里，办理客运业务，不办理行包业务，站名前缀为⊗。

二〇二四年四月二十八日

国铁集团客运部

客价电〔2024〕109 号

国铁集团客运部
关于修改《铁路客运运价里程表》
有关事项的通知(2024008 号)

各铁路局集团公司,快运公司:

接沈阳、北京、广州局集团公司请示,经研究,修改《铁路客运运价里程表》相关内容,具体如下:

一、沈吉线新增哈达湾站,距口前站 43 公里,距吉林站 6 公里,不办理客运业务,站名前缀为△,接续线名为长图线。

二、长图线新增哈达湾站,距长春站 122 公里,距吉林站 6 公里,不办理客运业务,站名前缀为△,接续线名为沈吉线。

三、北京局集团公司北京站开办高铁快运业务。

四、海南环岛高铁线东段新增和乐站,距海口站 178 公里、距三亚站 130 公里,办理客运业务、不办理行包业务,站名前缀为⊗。

北京站开办高铁快运业务自 2024 年 10 月 10 日起执行,和乐站开办客运业务自 2024 年 10 月 15 日起执行,其他事项自 2024 年 10 月 25 日起执行。

二〇二四年十月八日

国铁集团货运部

货价电〔2024〕76 号

国铁集团货运部
关于修改车站货运运营条件
有关事项的通知(2421)

各铁路局集团公司,各专业运输公司:

根据部分铁路局集团公司报送文电,现将修改货运运营条件有关事项公布如附件,自 2024 年 9 月 14 日起执行。请铁科院集团公司、信息中心组织做好有关系统参数维护。

附件:车站整车普通货物办理范围修改事项

二〇二四年九月十二日

附件

车站整车普通货物办理范围修改事项

局名	站名	车站货运业务类型		货场整车普通货物办理范围	
		修改前	修改后	修改前	修改后
宁	陆屋	非货运站	货场	非货运站	仅办理水泥到达
宁	河唇	货场，专用线	非货运站	仅办理散堆装货物到达（煤除外）	非货运站
兰	红寺堡	货场	非货运站	均不办理	非货运站
兰	兰州	货场，专用线	非货运站	均不办理	非货运站

国铁集团货运部

货价电〔2024〕80 号

国铁集团货运部
关于修改车站货运运营条件
有关事项的通知(2422)

各铁路局集团公司,各专业运输公司:

根据部分铁路局集团公司报送文电,现将修改货运运营条件有关事项公布如附件,自 2024 年 9 月 24 起执行。请铁科院集团公司、信息中心组织做好有关系统参数维护。

附件:1. 线路营业条件修改事项

2. 车站整车普通货物办理范围修改事项

3.《铁路专用线专用铁路名称表》修改事项

二〇二四年九月二十一日

附件 1

线路营业条件修改事项

北京局北环进港线附注修改为：北环进港上下行线 K44 +170 至新港北（不含货场线路，货场线路属天津中铁联合国际集装箱有限公司）属天津进港三线铁路有限公司。

附件 2

车站整车普通货物办理范围修改事项

局名	站名	车站货运业务类型		货场整车普通货物办理范围	
		修改前	修改后	修改前	修改后
京	黄土店	专用线	非货运站	均不办理	非货运站
济	泺口	专用线	非货运站	均不办理	非货运站
济	北园	非货运站	专用线	非货运站	均不办理
广	白地市	非货运站	货场	非货运站	仅办理散堆装货物发送

附件 3

《铁路专用线专用铁路名称表》修改事项

序号	局别	车站	专用线名称	发送品类	到达品类	起重能力	叉车	里程	使用标记	修改说明
1	济	北园	山东北方现代化学工业有限公司专用线	[0260041]润滑油,[0290008]基础油,[0571034]铜材,[1893003]电缆,[223]饮料,[2231001]白酒	[01]煤,[0260041]润滑油,[0290002]白油,[0290008]基础油,[0571034]铜材,[1540047]橡胶,[1551025]聚乙烯醇,[182]日用电器,[1893003]电缆,[223]饮料,[2231001]白酒,[2421076]铜版纸,[5015]装饰材料	15.0	3.0	3210	B	接轨站:原"泺口"改为"北园"取送车里程:原"2000"改为"3210"
2	济	北园	济南热电集团有限公司专用线		[01]煤,[17]工机	0.0	0.0	1730	B	接轨站:原"泺口"改为"北园"取送车里程:原"3000"改为"1730"

国铁集团货运部

货价电〔2024〕85号

国铁集团货运部
关于修改车站货运运营条件
有关事项的通知(2423)

各铁路局集团公司，各专业运输公司：

根据部分铁路局集团公司报送文电，现将修改货运运营条件有关事项公布如附件，自2024年10月12起执行。请铁科院集团公司、信息中心组织做好有关系统参数维护。

附件：车站整车普通货物办理范围修改事项

二〇二四年十月十一日

附件

车站整车普通货物办理范围修改事项

局名	站名	车站货运业务类型		货场整车普通货物办理范围	
		修改前	修改后	修改前	修改后
上	下塘集	非货运站	专用线	非货运站	均不办理
上	江都	非货运站	专用线	非货运站	均不办理
上	塔桥	非货运站	货场	非货运站	均不办理
成	福集	货场	非货运站	无限制	非货运站
成	南岸坝	货场	非货运站	不办理煤	非货运站

国铁集团货运部

货价电〔2024〕87号

国铁集团货运部
关于修改车站货运运营条件
有关事项的通知(2424)

各铁路局集团公司,各专业运输公司:

根据部分铁路局集团公司报送文电,现将修改货运运营条件有关事项公布如附件,自2024年10月31日起执行。请铁科院集团公司、信息中心组织做好有关系统参数维护。

附件:1.线路营业条件修改事项

2.车站整车普通货物办理范围修改事项

二〇二四年十月二十九日

附件 1

线路营业条件修改事项

修改《锡乌线锡霍段货物运价里程表》附注内容为"锡林浩特北站至霍林河站（不含）属内蒙古锡乌铁路有限责任公司，锡林浩特站至锡林浩特北站（不含）属内蒙古锡多铁路股份有限公司"。

附件 2

车站整车普通货物办理范围修改事项

局名	站名	车站货运业务类型		货场整车普通货物办理范围	
		修改前	修改后	修改前	修改后
太	后营	货场	非货运站	仅办理路料	非货运站
太	化稍营	货场	非货运站	仅办理路料	非货运站
太	玉田北	货场	非货运站	仅办理路料	非货运站
太	蓟县西	货场	非货运站	仅办理路料	非货运站
太	大石庄	货场	非货运站	仅办理路料	非货运站
太	平谷	货场	非货运站	仅办理路料	非货运站
太	下庄	货场	非货运站	仅办理路料	非货运站
太	延庆北	货场	非货运站	仅办理路料	非货运站
太	北辛堡	货场	非货运站	仅办理路料	非货运站
太	沙城东	货场	非货运站	仅办理路料	非货运站
太	史店	货场	非货运站	均不办理	非货运站
太	太原东	货场	非货运站	均不办理	非货运站
太	垣曲	货场	非货运站	均不办理	非货运站
太	蒲县	货场	非货运站	仅办理煤发送	非货运站
太	隰县	货场	非货运站	仅办理煤发送	非货运站